YVES-ALEXANDRE THALMANN

Das kleine Übungsheft

Optimismus...

und wenn es Dir nur beim lächeln hilft... !!!

Aus dem Französischen
von Claudia Seele-Nyima

Illustrationen von Jean Augagneur

TRINITY

Über den Autor

Yves-Alexandre Thalmann ist Psychologe und anerkannter Experte im Bereich der Persönlichkeitsentwicklung. Als Doktor der Physik verpflichtet er sich in seinen gegenwärtigen Arbeitsfeldern der Glücksforschung und der positiven Psychologie der wissenschaftlichen Überprüfbarkeit seiner Theorien. Er ist Autor zahlreicher erfolgreicher Bücher, darunter auch »Glückstraining«, das ebenfalls in der Reihe »Das kleine Übungsheft« erschienen ist.

Die Originalausgabe ist erstmals 2010 bei
Editions Jouvence erschienen.

www.editions-jouvence.de,
info@editions-jouvence.de

Umschlaggestaltung: Guter Punkt, München
Satz: BuchHaus Robert Gigler, München
Druck und Bindung: Pustet, Regensburg
ISBN 978-3-941837-51-5

Um optimistisch durchs Leben zu gehen und die Welt in einem positiven, »rosigen« Licht zu sehen,
bieten sich mehrere Möglichkeiten an:

- Eine Brille mit rosa getönten Gläsern tragen (wegen Kopfschmerzgefahr allerdings nicht zu empfehlen);
- Psychopharmaka nehmen (nicht zu empfehlen wegen gesundheitlicher Nebenwirkungen und Auseinandersetzungen mit der Justiz);
- sich glücklich verlieben (das liegt leider nicht nur in Ihrer Hand);
- Schritte in die Wege leiten, um sich persönlich weiterzuentwickeln (zu empfehlen, könnte sich aber als recht kostspielig erweisen!);
- dieses Heft lesen und die vorgeschlagenen Übungen machen (sehr zu empfehlen, bislang keine Nachteile bekannt).

Wenn Sie sich für die letzte Option entschieden haben, dann herzlich willkommen in diesem kleinen Übungsheft! Halten Sie einen Stift bereit, blättern Sie um … und stellen Sie sich schon mal darauf ein, dass Sie auf Dauer optimistischer werden!

Hinweis

Das Leben in rosaroten Farben zu sehen ist nicht dasselbe, wie auf Rosen gebettet zu liegen! Von Rosa zu Rosen ist es zwar nur ein kleiner Schritt, doch diesen Schritt werden wir nicht tun.

Dieses Übungsheft will Ihnen weder einreden, alles sei großartig, noch Sie mit positivem Denken einlullen. Betrachten Sie es vielmehr als ein Handbuch des Optimismus, das auf aktuellen Erkenntnissen der Psychologie, speziell der Positiven Psychologie basiert, die auch als »Psychologische Glücksforschung« bezeichnet wird.

Es bietet konkrete, erprobte Mittel, wie Sie den Optimismus-Muskel aufbauen können. In diesem Sinne ist es eine perfekte Ergänzung des kleinen Übungshefts **Glückstraining** desselben Autors (Trinity 2012).

Quiz
Welche Farben hat für Sie das Leben?

Welcher Gedanke schießt Ihnen bei den folgenden Situationen als Erstes durch den Kopf? Kreisen Sie den entsprechenden Buchstaben ein.

1. **Sie drehen den Zündschlüssel Ihres Wagens, doch nichts geschieht.**
   a) Ausgerechnet heute muss das passieren, wenn ich so einen wichtigen Termin habe!
   b) Vielleicht ist es nicht so schlimm, versuchen wir es noch einmal … Im schlimmsten Fall bleibt mir immer noch genug Zeit, den Bus zu nehmen.
   c) Mist, so alt ist er doch noch gar nicht!
2. **Sie haben sich mit einem Freund verabredet. Doch zur vereinbarten Zeit ist niemand zu sehen …**
   a) Er hat es bestimmt vergessen.
   b) Ich rufe ihn an, um zu erfahren, was los ist.
   c) Wie ich ihn kenne, hatte er bestimmt etwas Wichtigeres zu tun.
3. **Sie haben gerade im Lotto gewonnen …**
   a) Ist ja toll, dann kann ich mir dieses neue Gerät gönnen, von dem ich schon so lange träume.
   b) O nein! Fast hätte ich den Hauptgewinn gehabt, ich war so nah dran!
   c) Das reicht gerade mal aus, die Kosten für die Lose zu decken, die ich mir bisher gekauft habe.

4. Ein Flugzeug ist abgestürzt.

a) Ich steige nie wieder in ein Flugzeug, das ist viel zu gefährlich!

b) Es ist traurig, und ich fühle mit den Menschen, die einen Angehörigen verloren haben.

c) Wie dem auch sei, das Flugzeug ist und bleibt eines der sichersten Transportmittel der Welt.

5. Sie sind alleinstehend und wurden gerade zu einer Party eingeladen.

a) Dort begegne ich sowieso keinem Seelenverwandten!

b) Ich freue mich, mal einen netten Abend zu verbringen, und wer weiß, wen ich dort alles treffe …

c) Da kann ich ebenso gut zu Hause bleiben!

6. Sie wollen gerade mit Ihrem Handy einen Anruf tätigen, stellen aber fest, dass Sie keinen Empfang haben.

a) Es ist ärgerlich, aber ich verstehe, dass das vorkommen kann.

b) Blödes Telefon! Das kann ja wohl nicht sein bei den Gebühren!

c) Macht nichts, dann warte ich eben. Ich erachte es schon als Privileg, dass ich überhaupt von dieser Technologie profitieren kann.

6

Nehmen Sie nun einen rosa Textmarker zur Hand. Markieren Sie die Reaktion, die Ihnen in jeder Situation am positivsten erscheint.

Verfahren Sie ebenso mit den neutralen Reaktionen, verwenden Sie dabei aber einen gelben Marker.

Ergebnisse:

Sie erhalten 2 Punkte, wenn der Buchstabe, den Sie eingekreist haben, mit der rosa markierten Antwort zusammenfällt, 1 Punkt, wenn er gelb ist, und 0 Punkte, wenn der eingekreiste Buchstabe nicht farbig markiert ist.

Ihre Punktzahl liegt bei ...

- **über 9 Punkten:** Bravo! Sie sehen die Welt in einem wunderschönen, strahlenden Rosarot.
- **zwischen 5 und 8 Punkten:** Blassrosa. Das können Sie noch besser!
- **unter 4 Punkten:** Höchste Zeit, dass Sie das Grau vertreiben und lernen, Ihrem Leben Farbe zu geben.

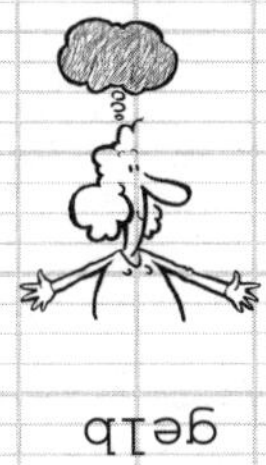

Für diejenigen, die noch Zweifel haben:

1. b) rosa / c) gelb
2. a) gelb / b) rosa
3. a) rosa / c) gelb
4. b) gelb / c) rosa (diese Aussage ist wahr!)
5. b) rosa / c) gelb
6. c) rosa / a) gelb

Ein Lehrbeispiel

Der Stammesälteste eines Indianerstamms erklärt seinem Enkel das Leben:

»Weißt du, in jedem von uns stehen sich fortwährend zwei Wölfe gegenüber: der Wolf des Hasses, des Pessimismus und des Egoismus und der Wolf der Liebe, des Optimismus und der Großzügigkeit«.

- »Und welcher der beiden hat die Oberhand?«

Bevor Sie die Antwort des Weisen erfahren, schreiben Sie unten Ihre eigene Antwort auf die Frage auf.

Welcher Wolf ist stärker: der Wolf der Negativität und des Hasses oder der Wolf der Liebe und der Großzügigkeit? Warum?

Der Wolf, der für mich letztendlich den Sieg davonträgt, ist:

Der Weise antwortete: »Der, den du fütterst.«

Unser Bewusstsein bestimmt, wie gut es uns geht

Das Gehirn ist ein großartiges Organ. Es ist imstande, permanent Tausende von Informationen zu verarbeiten. Doch seine Kapazität ist zwar immens, aber nicht unendlich!

Das, was uns in einem Augenblick bewusst sein kann, ist folglich begrenzt. Und unsere **Aufmerksamkeit** bestimmt, was in unser Bewusstsein gelangt: Etwa in der Art, wie wir ein Fernsehprogramm wählen, so entscheidet unsere Aufmerksamkeit über den Inhalt unseres Bewusstseins.

Der Inhalt unseres Bewusstseins wiederum bestimmt unser Wohlbefinden.

Welchen Sender[1] wollen Sie abonnieren? Den des Unglücks, der Katastrophen und Dramen? Oder den der Schönheit und der Wunder, die den Alltag erfüllen?

Wofür **entscheiden** Sie sich?

Welchen Wolf wollen Sie füttern?

Ich möchte den Wolf füttern, der Folgendes verkörpert:

[1] Ist Ihnen aufgefallen, dass der französische Begriff für »Sender« – »chaîne« – genau derselbe ist wie die Bezeichnung für eine Kette zum Anketten von Gefangenen?

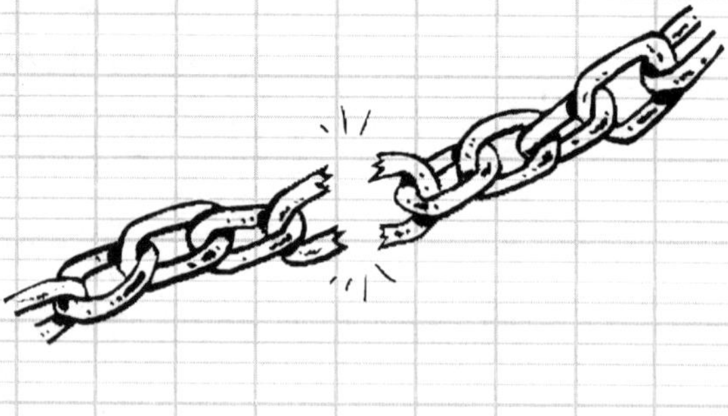

Das Leben positiv sehen?
Sie haben die Wahl!

»Einspruch, Euer Ehren!

Das Leben ist nicht rosarot: Niemand kann leugnen, dass es Katastrophen gibt, dass täglich Abertausende an Krankheiten sterben oder verhungern und dass Kriege geführt werden. Es wäre naiv, zu behaupten, das Leben sei rosarot. Nein, das Leben ist ein harter Kampf. Die Wirklichkeit sieht so aus: Das Leben ist grau, sogar eher noch dunkelgrau!«

Stimmen Sie dem Advocatus Diaboli – dem **»Anwalt des Teufels«** zu? Meinen Sie, die Welt sei eher in einem schlechten Zustand? Füllen Sie die folgenden beiden Spalten aus.

Negative Aspekte der Welt	**Positive Aspekte der Welt**
–	–
–	–
–	–
–	–
–	–
–	–
–	–

In welcher Spalte steht am meisten?

Ist es die erste, dann sind Sie eher pessimistisch eingestellt.

Ist es die zweite, dann tendieren Sie eher zum Optimismus.

Nachhilfe-Übung

Listen Sie noch weitere positive Aspekte der Welt und des Lebens auf, sodass die zweite Spalte mehr Gewicht erhält als die erste.

–

–

–

–

–

Die Farbe der Welt

Aber wie verhält es sich in Wirklichkeit? Ist die Welt eher rosa oder schwarzgrau?
Um das herauszufinden, ist nichts besser als ein Experiment – besser noch: zwei (das Prinzip wissenschaftlicher Experimente ist die Wiederholung)!

Kaufen Sie eine Zeitung mit Nachrichten, z.B. eine große Tageszeitung. Nehmen Sie sich einen roten und einen grünen Stift. Lesen Sie aufmerksam alle **Überschriften** und **überfliegen Sie** den Vorspann aller Artikel. Unterstreichen Sie die **Überschriften**, die in Ihren Augen positiv sind, grün und die negativen rot. Zählen Sie anschließend alle **Überschriften** aus und schreiben Sie das Ergebnis auf.

Titel und Datum der ausgewählten Tageszeitung: __________

Zahl der Informationen: positive ____ und negative ____.

Titel und Datum der ausgewählten Tageszeitung: __________

Zahl der Informationen: positive ____ und negative ____.

Titel und Datum der ausgewählten Tageszeitung: __________

Zahl der Informationen: positive ____ und negative ____.

Allgemeine Feststellung:

Bei mehrmaliger Wiederholung dieses Experiments wird ersichtlich, dass das Verhältnis der Farben ausgeglichen ist: Es gibt fast ebenso viele positive wie negative Nachrichten!

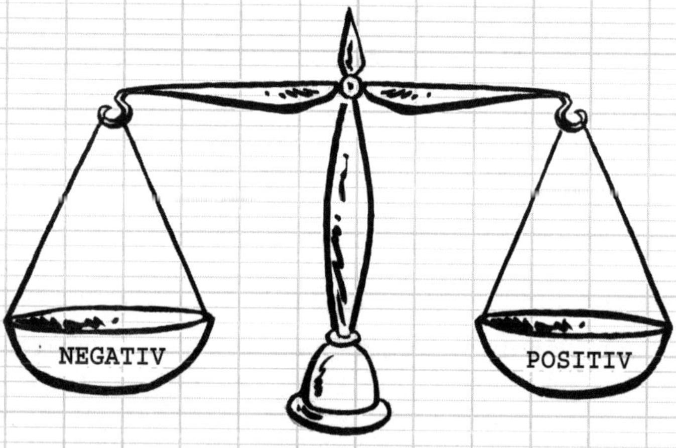

Die Welt ist so bunt wie ein Regenbogen!

Das Journalisten-Spiel

Die erste Version dieses Spiels besteht darin, eine oder mehrere Zeitungen zu kaufen und anschließend nur die Nachrichten auszuschneiden, die Ihnen positiv erscheinen.

Basteln Sie eine neue Zeitung, indem Sie die Meldungen, die Ihnen gefallen, auf Papier aufkleben.

Für die **zweite Version des Spiels** brauchen Sie einen Computer und einen Drucker.

Verfassen Sie wie ein Journalist Artikel über den Zustand der Welt, indem Sie nur positive Informationen auswählen, die Sie zum Beispiel im Internet sammeln – es lebe der technische Fortschritt! Formatieren Sie Ihre Artikel anschließend und drucken Sie sie aus.

Sie halten nun ein anderes Spiegelbild der Welt in den Händen, das weder korrekter noch weniger korrekt ist, sondern einfach anders.

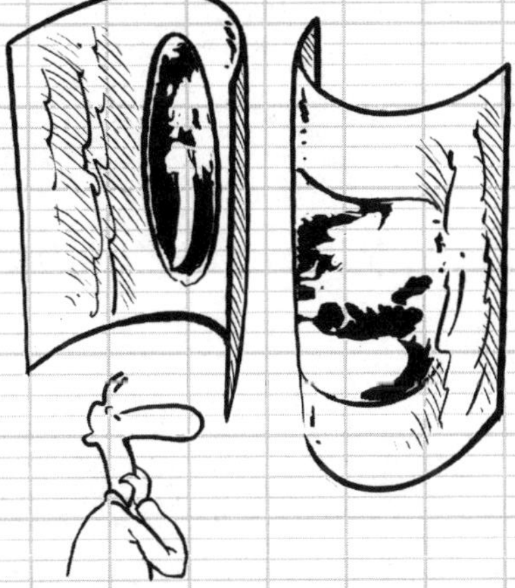

Ein professioneller Journalist geht auch nicht anders vor: Er wählt Informationen aus einer Lawine von Agenturmeldungen aus und berücksichtigt nur diejenigen, die ihm wichtig **erscheinen** und vor allem die Auflage der Zeitung steigern!

Wie fühlen Sie sich, wenn Sie die »offizielle« Zeitung lesen?

Wie fühlen Sie sich, wenn Sie »Ihre« Zeitung lesen?

Malen Sie die folgenden Aussagen aus, um sie sich besser einzuprägen:

Das Leben ist weder rosa noch grau, es ist bunt.

Unser Blick ist es, der beim Schönen oder Hässlichen, Positiven oder Negativen verweilt.

Denken Sie daran: Man sieht nicht alles, sondern nur einen Teil der Wirklichkeit.

Worauf wollen Sie Ihre Aufmerksamkeit richten?

Ich beschließe, auf Folgendes zu achten …	… statt meine Aufmerksamkeit auf diese Dinge zu richten:
- die Großzügigkeit der Menschen - die Schönheit der Natur - die besseren Lebensbedingungen - - - -	- den Egoismus der Menschen - den Klimawandel - die Wirtschaftskrise - - - -

Falten Sie jetzt diese Seite einmal längs, sodass die negative Spalte hinter der positiven Spalte liegt und nicht mehr zu sehen ist!

Wie interpretieren Sie die Zeichnung, die auf der nächsten Seite abgebildet ist?

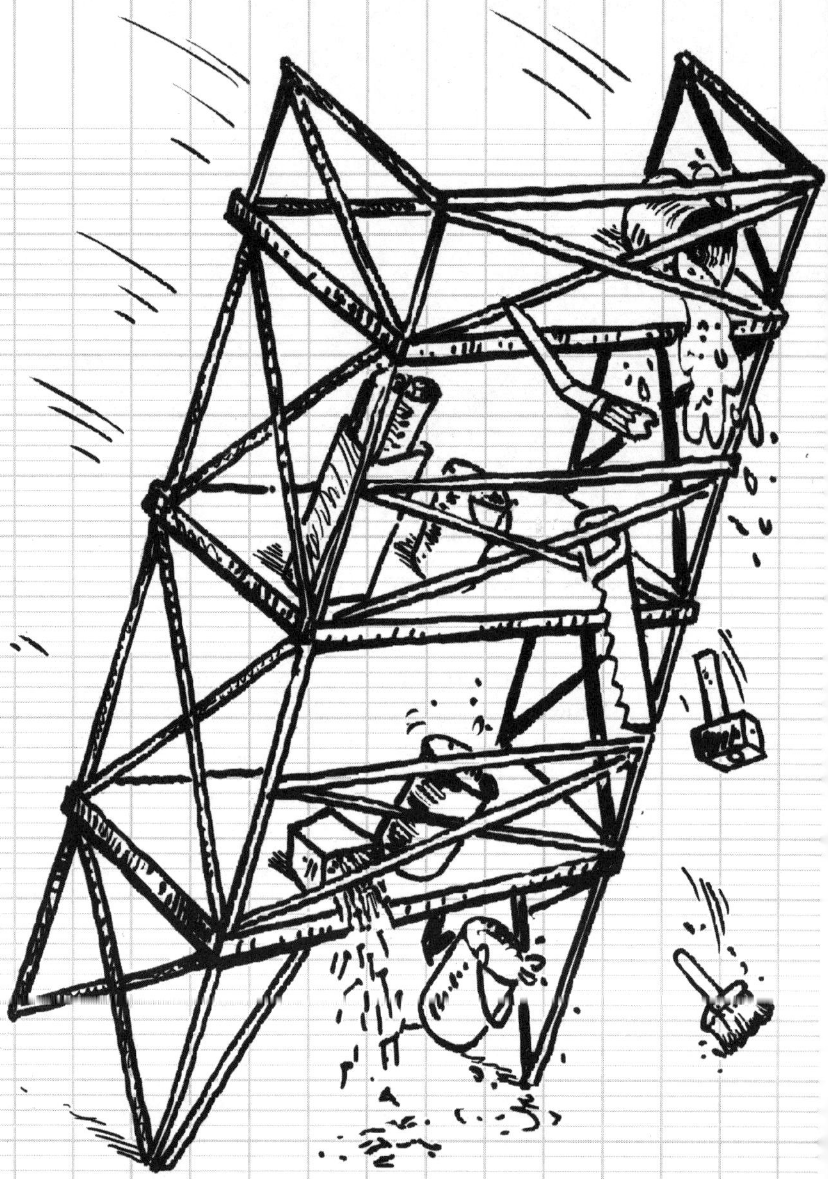

Malen Sie die folgende Äußerung aus, um sie sich besser einzuprägen:

Manchmal trügt der Schein!

Der Einfluss unserer Gedanken

»Möglicherweise gelangt kein einziger Gedanke, wie flüchtig, wie uneingestanden er auch sein mag, in die Welt, ohne eine Spur zu hinterlassen.«

Cesare Pavese

Unsere Gedanken sind nicht wirkungslos. Sie beeinflussen unsere Stimmung, aber auch unser Verhalten.

Psychologen haben eine Studie mit überraschendem Ergebnis durchgeführt: Sie baten einen Teil der Versuchspersonen, über Themen nachzudenken, die mit dem Alter zusammenhängen, und die anderen, an Jugendthemen zu denken. Anschließend maßen sie – ohne die Probanden davon zu informieren – die Zeit, die jeder brauchte, um den Flur zu durchqueren, der aus dem Gebäude herausführte. Ergebnis: Diejenigen, die das Thema des Alters bearbeiteten, brauchten wesentlich länger, um aus dem Gebäude hinauszugelangen. Sie waren gewissermaßen verlangsamt …

Welche Gedanken machen Sie langsamer, entmutigen Sie, rauben Ihnen die Lebenskraft, deprimieren Sie etc.?

-

-

-

-

-

Durch welche neuen, optimistischeren Gedanken könnten Sie sie ersetzen?

-

-

-

-

-

Weg mit den negativen Gedanken!

Hier ein Hilfsmittel, um zu lernen, wie Sie negative Gedanken vereiteln können.
Keimt ein negatives Gefühl in Ihnen auf (Traurigkeit, Zorn, Angst, Eifersucht etc.), dann machen Sie sich bewusst, welcher Gedanke damit einhergeht (= automatischer Gedanke). Überlegen Sie sich anschließend eine andere, ebenso plausible Erklärung für die Situation – aber dieses Mal eine positive (= **alternativer Gedanke**)!

Situation	**Gefühl**	**Automatischer Gedanke**	**Alternativer Gedanke**
Frau Neumann hat mich heute Morgen nicht gegrüßt!	Traurigkeit, Ängstlichkeit	Sie spielt die beleidigte Leberwurst. Sie ist böse auf mich.	Sie war gerade mit den Gedanken woanders. Sie hat mich nicht gesehen.

Mit zunehmender Übung werden Sie es schaffen, automatische negative Gedanken umgehend durch alternative positive Gedanken zu ersetzen.

Üben Sie, bis es Ihnen zur Gewohnheit wird.

Positive Zweifel haben Vorrang

Ersetzen Sie für jede Situation, in der Sie die Motivation der anderen Person nicht kennen – also in fast allen Situationen! –, ganz bewusst negative Interpretationen durch andere, optimistischere. Benutzen Sie dafür eine Tabelle wie die vorhergehende.

Situation	Gefühl	Automatischer Gedanke	Alternativer Gedanke

Im **Zweifel** wählen Sie **von vornherein** die **positive** Interpretation = die positive Vermutung hat Vorrang.

- Ich habe von einem Freund keine Urlaubspostkarte erhalten.

? (Letztendlich weiß ich das gar nicht.)

Die Karte ist verloren gegangen. | ~~Ich zähle für ihn nicht mehr.~~

»Ja, aber wir machen es uns etwas zu leicht, wenn wir alles positiv sehen. Das ist ein bisschen so, als würde man den Kopf in den Sand stecken und die Probleme, die nun einmal da sind, nicht mehr sehen ...«

Der Advocatus Diaboli (schon wieder der!)

Kennen Sie die Hintergründe einer Situation nicht, geben Sie sofort der positiven Vermutung Vorrang. Das erspart Ihnen jedoch nicht die Mühe, sich im Nachhinein zu informieren, um Gewissheit zu haben – und die **echten** Probleme zu lösen!

Zum Beispiel, indem man den betreffenden Freund aufsucht und das Missverständnis löst und man ihm beispielsweise sagt: »Ich war überrascht, dass ich keine Postkarte von dir erhalten habe.«

Was ist der Grund für Ihren Misserfolg?

Die Antwort auf diese Frage ist maßgebend für unsere Gemütsverfassung. Die Positive Psychologie hat aufgezeigt, dass Pessimisten wie auch Depressive sie folgendermaßen beantworteten:

»<u>Ich</u> habe den Job nicht bekommen, weil ich mich <u>nicht verkaufen kann</u>. <u>Ich bin</u> sowieso eine Niete.«

Persönlich
Ich bin allein dafür verantwortlich.

Generell
Es gilt für alle Bereiche.

Permanent
Es wird sich nicht ändern.

Optimisten wiederum schreiben ihre Misserfolge bestimmten Ursachen zu:

externen
»Andere Bewerber entsprachen eher dem Profil.«

vorübergehenden
»Das kann vorkommen.«

speziellen
»In anderen Bereichen bin ich jedenfalls kompetenter.«

Was sagen Sie sich bei einem Misserfolg?

Überlegen Sie sich drei unangenehme Situationen, die Sie kürzlich erlebt haben. Geben Sie für jede einzelne an, was Sie sich gesagt haben (auch wenn es nicht der »wahren« Ursache entspricht). Bestimmen Sie dann, welcher Natur Ihre Erklärungen sind:

- intern (= persönlich)/extern (I/E)
- permanent/vorübergehend (P/V)
- generell/speziell (G/S)

Beispiel:

		I/E	P/V	G/S
Ehestreit	Meine Schuld, ich kann nicht mit Frauen reden.	I	P	G
1.				
2.				
3.				

Jedes Mal, wenn Sie sich **permanente** und **generelle** Ursachen vorstellen, nähren Sie Ihre Verzweiflung und demotivieren sich (»Wozu soll das gut sein?«). Früher oder später führt dies zu einem Zustand, den die Psychologen als »erlernte Hilflosigkeit« bezeichnen. Jedes Mal, wenn Sie sich die ganze Verantwortung für Ihre Misserfolge geben (**Personalisierung**), verringern Sie Ihr Selbstwertgefühl.

Diese Gedanken sind der Motor der Depression!

Werden Sie optimistischer und verscheuchen Sie das Gespenst der Depression …

Greifen Sie Ihre drei vorhergehenden Situationen noch einmal auf und stellen Sie sich eine andere, **plausible** Ursache vor, wenn möglich eine externe, aber auf jeden Fall eine vorübergehende und spezielle.

Zum Beispiel:

Sie war nach ihrem langen Arbeitstag todmüde …

1.
2.
3.

In Zukunft geben Sie angesichts von Enttäuschungen EVS- oder IVS-Erklärungen gegenüber IPG-Entscheidungen den Vorzug.

Verbannen Sie die üblen IPG aus Ihrem Leben!

Ein bisschen Frühgeschichte

»Pessimismus ist eine Sache des Gefühls, Optimismus Willenssache.«

Alain

Als unsere Vorfahren der Frühzeit, noch mit Fellen bekleidet, sich ihrer Existenz bewusst wurden, erfasste sie große Angst: Was tun, wenn es einmal keine Nahrung gibt? Kann man Leid und Krankheit entgehen? Was ist der Tod? Und so weiter. Es herrschte kein Mangel an Gründen, sich Gedanken zu machen.

Es ist ganz natürlich, sich zu sorgen.

Der Beweis: Depressive Menschen haben weniger Energie und sind verlangsamt. Und ihre Gedanken sind ausschließlich negativ.

Angst und Sorgen sind eine Konsequenz dessen, dass unser Schädel im Lauf der Evolution beträchtlich gewachsen ist. Wenn das Gehirn, diese ungeheure Denkmaschine, nicht damit beschäftigt ist, Informationen zu verarbeiten (wofür es angelegt ist), dann arbeitet es im Leerlauf und verwendet seine Energie darauf, beängstigende Themen immer wieder durchzugehen.

Negativ Denken erfordert weniger Energie als positiv Denken.

In welchen Momenten oder Situationen neigen Sie dazu, sich zu sorgen?

Gehen wir Anlässen, bei denen wir unsere Sorgen wiederkäuen, aus dem Weg!

In welchen Momenten oder Situationen neigen Sie dazu, sich zu sorgen?

Momente, in denen ich mir Sorgen mache:	Situationen, in denen ich mir Sorgen mache:
–	–
–	–
–	–
–	–
–	–

Was können Sie tun, um diese Umstände zu ändern und um zu vermeiden, dass Sie immer wieder über Ihren Sorgen brüten?

–

–

–

–

Zum Beispiel:

Sorgen überkommen mich, wenn ich allein am Tisch sitze.
⇨ Ich könnte Zeitung lesen oder Radio hören.

Ich mache mir Sorgen, wenn ich mitten in der Nacht aufwache und nicht wieder einschlafen kann.
⇨ Ich könnte aufstehen und ein Buch lesen oder etwas weiterarbeiten.

Meine Antisorgentricks:

-
-
-
-
-

Sich beschäftigen statt sich sorgen

Es gibt nichts Besseres als spannende Aktivitäten, um Sorgen zu vermeiden. Finden Sie Aktivitäten, die packend und interessant genug sind, dass Sie Ihre geistige Energie dabei sinnvoll einsetzen können. Solche Aktivitäten haben folgende Merkmale:

- Sie erfordern Konzentration.
- Sie stellen eine Herausforderung dar, das heißt, sie sind nicht zu leicht.
- Sie lassen alle Ablenkungen und Sorgen verschwinden.

Bei welchen Aktivitäten werden Sie nicht mehr von Ihren Sorgen gequält?

Meine Antisorgenaktivitäten:

-
-
-
-
-

Fernsehen gehört im Allgemeinen nicht auf diese Liste. Selbst wenn es uns in dem Moment ablenkt, fühlen wir uns hinterher nicht wirklich wohl. Die Sorgen kehren umso heftiger wieder zurück!

Seien wir kreativ!

Negativ denken geht von ganz allein. Es ist eine einfache Art, das, was wir beobachten, zu erklären. Positives Denken hingegen erfordert Mühe.

Beispiel:

Es regnet

»Elendes Sauwetterland! Dauernd regnet es!«	»Schön! Da kann ich ja mal etwas im Haus tun, zum Beispiel diese Reparatur, die ich schon so lange erledigen wollte. Und im Garten brauche ich dann auch nicht mehr zu gießen. Da könnte ich auch ins Kino gehen …«
= 5 Wörter	= 39 Wörter

Von Psychologen durchgeführte Studien haben ergeben, dass pessimistische Menschen über einen ärmeren, weniger umfangreichen Wortschatz verfügen als Optimisten.
Andere Untersuchungen haben gezeigt, dass das Gewaltniveau von Jugendlichen in einem proportionalen Verhältnis zur Armut ihres Wortschatzes steht: Wenn man Dinge nicht in Worte fassen kann, dann schlägt und zerstört man!

Sie sind dran!

Welche **positive** Interpretation könnten Sie sich im folgenden Fall ausdenken?

- Es gibt keine Karten mehr für die Theatervorstellung, auf die sie sich schon gefreut hatten. Schreiben Sie Ihre Antwort **mit mindestens 20 Wörtern** auf:

- Ihr Kind hat Probleme in der Schule. Schreiben Sie Ihre Antwort **mit mindestens 30 Wörtern** auf:

- Das Unternehmen, bei dem Sie angestellt sind, hat Budgetkürzungen angekündigt.
  Schreiben Sie Ihre Antwort **mit mindestens 40 Wörtern** auf:

- Sie wurden Opfer eines Unfalls, bei dem Sie bleibende Schäden davongetragen haben.
  Schreiben Sie Ihre Antwort **mit mindestens 50 Wörtern** auf:

Viele Menschen, die infolge eines Unfalls oder einer Krankheit behindert sind, behaupten paradoxerweise, sie fühlten sich seitdem lebendiger, das Leben habe für sie einen neuen Sinn erhalten, sie seien letztendlich ausgeglichener.

Ihr **Geheimnis**: Sie konzentrieren sich auf das, was sie haben, statt auf das, was ihnen verloren gegangen ist.

In allem liegt etwas Positives

Es war einmal ein König in einem fernen Land, der hatte einen sehr weisen Hofrat. Dieser pflegte dem Herrscher immer wieder zu sagen: »Alles, was Euch geschieht, ist zu Eurem Besten.«

Nun passierte es aber bei einer Parade, dass der König versehentlich seinen Säbel fallen ließ und sich einen Zeh abhackte. Sehr ärgerlich suchte er seinen Hofrat auf und fragte ihn, ob der Unfall sich etwa auch zu seinem Besten ereignet habe.

Der Weise wiederholte erneut: »Alles, was Euch zustößt, ist zu Eurem Besten.«

Der König, der diese Worte als Affront betrachtete, wurde daraufhin von großem Zorn erfasst. Er beschloss, den Hofrat zur Strafe ins Gefängnis zu werfen.

Einige Zeit darauf ging der König mit seinem Gefolge auf die Jagd. Die Gruppe zerstreute sich recht schnell in dem riesigen Wald, sodass der König sich bei Einbruch der Nacht ganz allein und noch dazu ohne Orientierung wiederfand. Er suchte und suchte nach einem Ausweg, doch vergeblich. Am Ende seiner Kräfte angelangt, bemerkte er schließlich einen Feuerschein.

»Gerettet! Ich bin gerettet!«, sagte er sich.

Er näherte sich dem Licht und entdeckte Angehörige eines Stammes, von dem er nicht gewusst hatte, dass es ihn in seinem Königreich gab. Er stellte sich ihnen als König dieses Waldes vor und versprach ihnen, dass sie eine große Belohnung erhalten würden, wenn sie ihm halfen, seinen Palast wiederzufinden.

Doch die Dinge entwickelten sich anders, als er gedacht hatte. Die Eingeborenen sprachen seine Sprache nicht. Sie erwiesen sich als aggressiv, und dem König wurde schnell klar, dass er auf einen Kannibalenstamm gestoßen war, von dessen Existenz ihm seine Soldaten schon berichtet hatten. Die Eingeborenen trafen Vorbereitungen, um ihn zu verspeisen, und zogen ihm seine Kleider aus, um ihn zu rösten. In diesem Augenblick bemerkten sie seinen verstümmelten Fuß. Nun essen Kannibalen bekanntlich nie jemanden mit einer Verstümmelung. Daher ließen sie ihn schließlich wieder frei, wenn auch nicht ohne Bedauern, weil er ihnen so appetitlich schien.

Nach einigen Irrungen fand der König am Ende doch noch seinen Palast wieder. Eilig begab er sich zum Hofrat, um ihn freizulassen.
»Es stimmt, du hattest recht: Sogar der Unfall mit meinem Säbel war letztendlich zu meinem Besten. Ich zweifle jedoch stark daran, dass du deinerseits die Wochen, die du im Gefängnis verbracht hast, als zu deinem Besten betrachtest!«
Worauf der Weise erwiderte: »Majestät, alles, was mir geschieht, ist zu meinem Besten. Wäre ich nicht im Gefängnis gewesen, hätte ich Euch auf der Jagd begleitet. Ich hätte Euch nicht aus den Augen verloren, und wir hätten uns beide bei den Kannibalen wiedergefunden. Aber ich habe ja noch alle zehn Zehen ...«

Die große böse Welt

Wenn wir denken, der Welt ginge es schlecht, die Menschen seien böse und egoistisch und es gebe immer weniger Werte, dann halten wir das Bild von einer **großen bösen Welt** in uns wach.

Doch die Hypothese von der großen bösen Welt ist nicht wirkungslos: Sie hat schwerwiegende Konsequenzen.

- Wenn die Welt verdorben ist, wozu sich überhaupt noch bemühen?
- Wenn es ohnehin keine Werte mehr gibt, dann tun wir doch einfach, was wir wollen!
- Wenn die Menschen böse und profitgierig sind, misstraut man ihnen am besten von vornherein!
- Wenn alles so negativ ist, wozu dann überhaupt noch versuchen, etwas zu ändern? Ist doch verlorene Mühe!

⇨ Resignation

Die Hypothese von der großen bösen Welt zu nähren heißt, eine solche Welt zu verstärken, heißt, den großen bösen Wolf zu füttern und dazu beizutragen, eine noch negativere Welt fortzusetzen.

Stellen Sie sich vor …

Erster Akt:

Man hat Ihnen gesagt, Ihr neuer Nachbar sei sehr unfreundlich, sogar richtiggehend gemein. Nun hat er seinen Wagen auf dem für Sie reservierten Parkplatz abgestellt. Sie gehen los und klingeln bei ihm …

Sie sind in der Defensive, denn Sie nehmen die Tatsache vorweg, dass er Sie unfreundlich empfangen wird. Ihr Ton ist härter, Ihre Stimme barscher. Sie äußern Ihre Frustration und drohen dem Nachbarn damit, die Polizei zu rufen, wenn er nicht umgehend seinen Wagen wegfahre. Er antwortet Ihnen kühl, was das Vorurteil bestätigt …

Zweiter Akt:

Sie sitzen ruhig zu Hause und lesen Zeitung. Jemand klingelt an der Tür. Vor Ihnen steht einer Ihrer Nachbarn, der sehr verärgert wirkt. Ohne Sie zu grüßen, verkündet er ohne Umschweife, Sie stünden unberechtigterweise auf seinem Parkplatz und hätten sofort Ihren Wagen wegzufahren, andernfalls werde er umgehend die Polizei rufen …

Kurzauswertung:

Hätte man Ihnen gesagt, der neue Nachbar sei ein sehr sympathischer Mensch, wie hätten Sie ihn dann gebeten, seinen Wagen wegzustellen? In welchem Ton? Mit welchen Worten? Wie hätte er Sie unter diesen Bedingungen empfangen?

Wenn jemand an Ihrer Tür klingelt und mir nichts, dir nichts von Ihnen verlangt, Ihren Wagen wegzufahren, wie reagieren Sie dann? Was antworten Sie?

Schlussfolgerung:

Diese kleine Empathie-Übung zeigt, dass unser Verhalten (sehr häufig) die Reaktionen der anderen hervorruft.

**Andere mit einem Etikett zu versehen ist eine Falle:
Solch eine Etikettierung verleitet sie,
sich genau so zu verhalten, wie wir es erwartet hatten!**

Etiketten

Welche Etiketten »kleben« Sie anderen regelmäßig auf? Mit welchem Risiko?

Mein Bürokollege

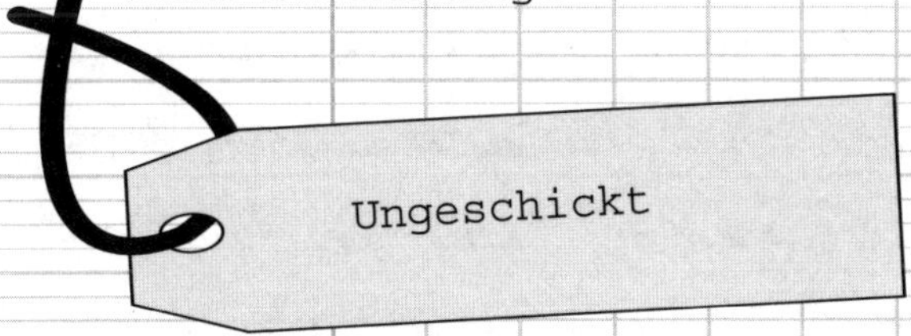

⇨ Ich vertraue ihm nicht, was den Druck auf ihn erhöht und ihn dazu verleitet, sich tatsächlich ungeschickt zu verhalten.

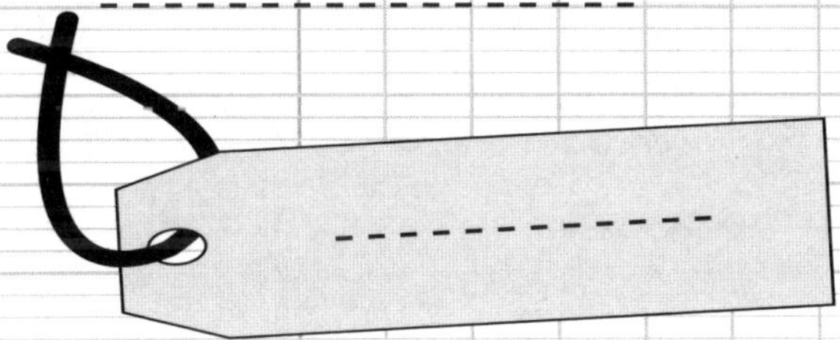

⇨

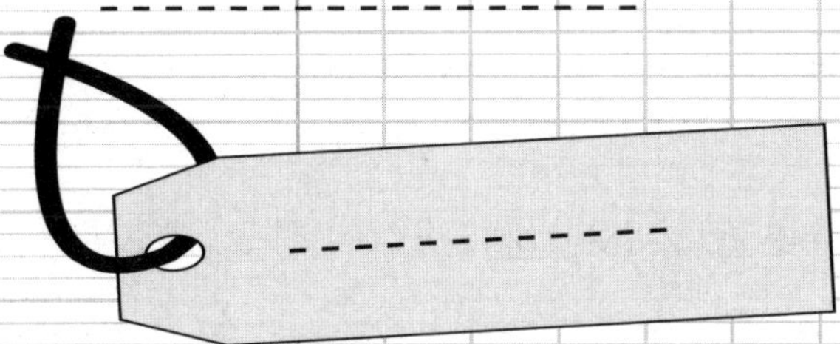

⇨

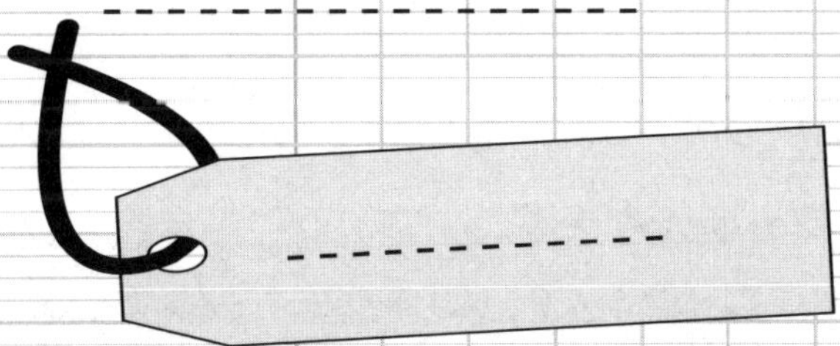

⇨

Der Pygmalion-Effekt

Der Pygmalion-Effekt, benannt nach einem berühmten Bildhauer der griechischen Mythologie, der sich in seine eigene Statue verliebte, ist in der Pädagogik gut bekannt. Tatsächlich wurde nachgewiesen, dass die Erwartungen der Lehrer an ihre Schüler nicht nur deren Schulleistungen beeinflussten, sondern auch die Punktzahl bei Intelligenztests, die unabhängig durchgeführt wurden.

Einen Schüler als fleißig, interessiert und begabt zu betrachten hilft ihm, sich zu verbessern.

Im Gegensatz dazu wirkt sich die Tatsache, dass man ihn als demotiviert, faul oder Schulversager betrachtet, negativ auf sein Bemühen und seine Ergebnisse aus.

Unsere Interpretationen genügen, um unsere Einstellungen zu verändern, die wiederum die Einstellungen anderer beeinflussen, und so fort.

Wie sehen Sie die anderen?

Als charmante, nette Menschen?

Oder als Gauner, die Sie jederzeit übers Ohr hauen könnten?

Jagd auf sich selbst erfüllende Prophezeiungen

Nun ist es an Ihnen, Ihre sich selbst erfüllenden Prophezeiungen herauszufinden. Gewöhnlich erkennt man sie an Ausdrücken wie **»definitiv«**, **»auf jeden Fall«**, die unsere Argumentation manchmal unterstreichen.

Vorurteil	Verhalten	Reaktion
Jugendliche sind respektlos.	Ich bin ihnen gegenüber strenger und unnachgiebiger.	Sie lehnen sich mehr auf.
←	←	**Auf jeden Fall!**

Vorurteil	Verhalten	Reaktion
←	←	**Auf jeden Fall!**

Vorurteil	Verhalten	Reaktion
←	←	**Auf jeden Fall!**

Vorurteil	Verhalten	Reaktion
←	←	**Auf jeden Fall!**

Den Teufelskreis durchbrechen

Häufig neigen wir dazu, Ursache und Wirkung zu verwechseln. Nicht alle setzen ihr »Weil« an derselben Stelle, daher entstehen Teufelskreise.

<u>Chef:</u> Immer muss ich meiner Sekretärin Anweisungen geben, weil von ihr nicht die geringste Initiative ausgeht!

<u>Sekretärin:</u> Ich kann nicht die geringste Initiative zeigen, weil mir mein Chef immer im Nacken sitzt!

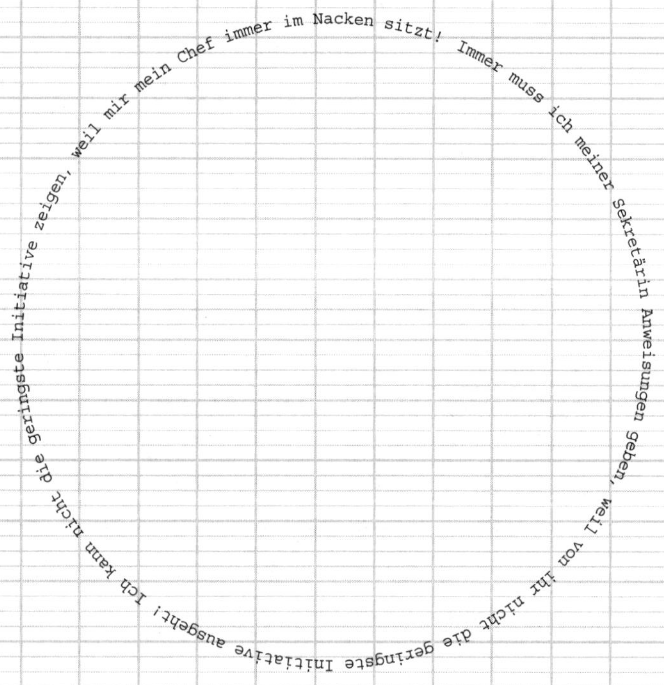

Elternteil: Ich muss durchgreifen, weil mein Kind ungehorsam ist.

Kind: Ich tue nicht, was meine Eltern sagen, weil sie immer nur mit mir schimpfen.

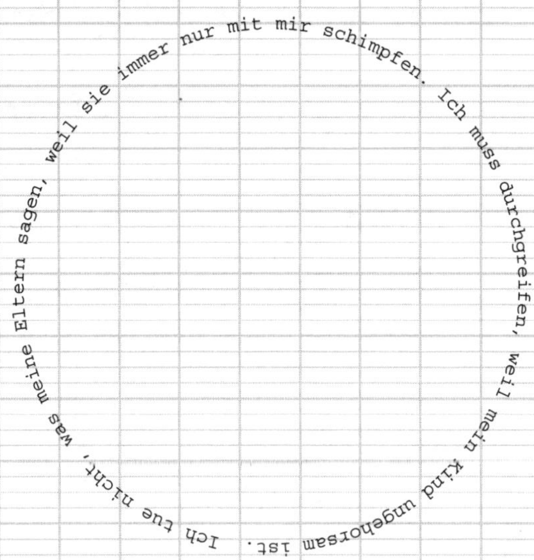

Schlussfolgerung:

Die Handlungen anderer werden viel weniger durch ihre Persönlichkeit bestimmt, als wir meinen. Viel stärker werden sie von unserem eigenen Verhalten bestimmt.

Welchen Teufelskreis können Sie in Ihrem Leben erkennen und neutralisieren?

Das Gesetz der Anziehung

Der Pygmalion-Effekt, der sich selbst erfüllende Prophezeiungen nährt, liegt dem

Gesetz der Anziehung

zugrunde. Dieses Gesetz besagt, Gleiches zieht Gleiches an:

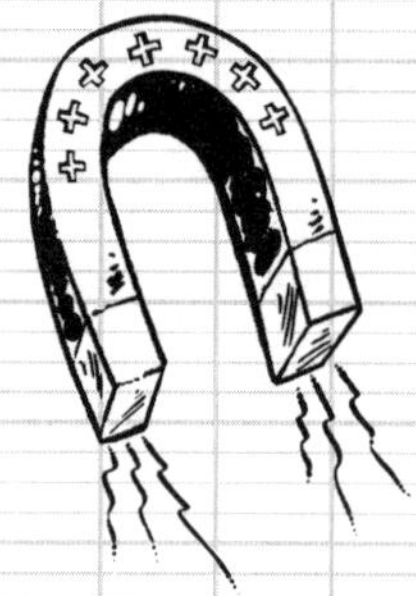

- Positives Denken zieht Positives an.
- Negatives Denken zieht Negatives an.

Das Geheimnis des Erfolgs:

Im Rahmen einer Studie wurden Versuchspersonen gefragt, ob sie ihrer eigenen Einschätzung nach vom Glück begünstigt seien.

Anschließend wurden sie aufgefordert, die Fotos in einem Magazin zu zählen, in das folgender Anzeigentext eingefügt worden war: »Wenn Sie diese Mitteilung lesen, dann sagen Sie dem Versuchsleiter Bescheid, und Sie gewinnen 100 Euro.«

Nur die Probanden, die angegeben hatten, sie seien vom Glück begünstigt, sahen die Mitteilung und verlangten das Geld.

Diejenigen, die sich als glücklos bezeichnet hatten, hatten die Anzeige noch nicht einmal gesehen, so beschäftigt waren sie damit, die Bilder zu zählen ...

Glück ist folglich eine Geisteshaltung,
ein Offensein für die Welt und die Fähigkeit,
Gelegenheiten beim Schopf zu packen.

Und Sie, meinen Sie, dass das Glück Ihnen hold ist?

❑ Ja ❑ Nein

Egal, wie Sie geantwortet haben: Seien Sie genau von diesem Augenblick an davon überzeugt, dass Sie Glück haben, und verhalten Sie sich so.

So werden Sie das Glück anziehen.

Wie uns unsere Gefühle beeinflussen

Unsere Empfindungen wirken wie ein Filter, eine Brille mit getönten Gläsern: Sie lenken unsere Aufmerksamkeit auf das, was auf einer Wellenlänge mit ihnen ist. Sind wir gut gelaunt, dann achten wir mehr auf positive Informationen. Wenn wir traurig, ängstlich oder verärgert sind, registrieren wir mehr negative Informationen.

Dieser Effekt wurde durch ein Experiment ans Licht gebracht: Man teilte Versuchspersonen in zwei Gruppen auf. Der ersten Gruppe wurden ein paar Witze erzählt, um sie in eine positive Stimmung zu versetzen. Die zweite Gruppe, so hatte man sich geeinigt, wurde gedrängt und dabei unfreundlich behandelt, um die Teilnehmer zu verärgern. Daraufhin hat man beiden Gruppen dieselbe Geschichte erzählt. Eine Woche darauf wurden alle Teilnehmer gebeten, sich noch einmal den Tag in Erinnerung zu rufen und die Geschichte, die sie gehört hatten, zu erzählen.

Ergebnis: Die verärgerten Versuchspersonen gaben mehr negative Elemente wieder als die gut gelaunten Personen, obwohl alle dieselbe Geschichte gehört hatten.

Je nachdem, wie wir gelaunt sind, hören und sehen wir nicht dasselbe ... daher ist es so wichtig, auf unsere Stimmung zu achten.

Ich habe schlechte Laune. Ich nehme mehr Negatives wahr.

Schlechte Stimmung setzt sich von selbst fort.

Gute Laune auch!

Entscheiden Sie selbst!

Und wo bleibt bei alledem die Liebe?

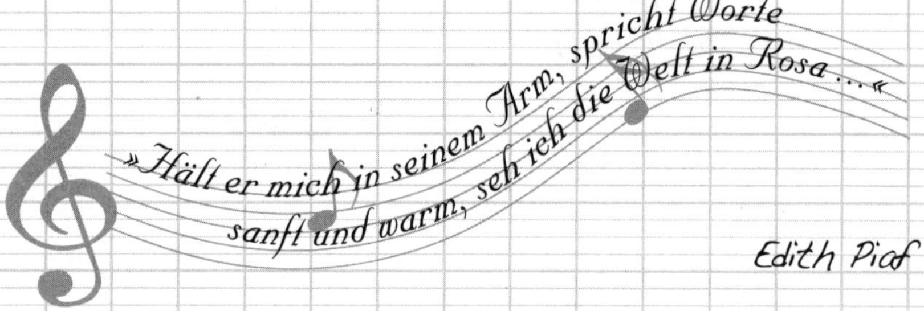

Edith Piaf

Stimmt! Es gibt eine andere Methode, das Leben in rosaroten Farben zu sehen, und sie erfordert weniger Mühe: sich zu verlieben. Ein verliebtes Gehirn ist überschwemmt mit Hormonen und Neurotransmittern, die unsere Lebenswahrnehmung verändern: Wir idealisieren den Partner, fühlen uns unermesslich wohl in seiner Gegenwart, haben (trotz durchwachter Nächte) scheinbar unerschöpfliche Energie, positive Zukunftsvisionen, fühlen uns wagemutig etc.

Aber (denn es gibt nicht ein, sondern zwei Aber!):

- Verliebtheit dauert nicht ewig (Spezialisten gehen von durchschnittlich drei Jahren aus);
- Verliebtsein hängt nicht nur von uns ab: Man muss eine/n Geliebte/n finden.

Umso besser, wenn wir das Glück haben, verliebt zu sein! Nutzen wir es!

Dennoch sollten wir uns dadurch nicht zu falschen Annahmen verleiten lassen: Das Leben dauerhaft in rosigem Licht zu sehen ist durchaus das Ergebnis von persönlicher Arbeit!

Wenn wir uns bemühen, das Leben anders zu sehen, und uns auf seine positiven Aspekte konzentrieren, ist das schon ein ganz schöner Schritt nach vorn. Doch warum nicht noch weiter gehen und **das Leben tatsächlich schöner machen?** Höchste Zeit, dass Sie ein bisschen mehr Rosarot in Ihr Leben bringen!

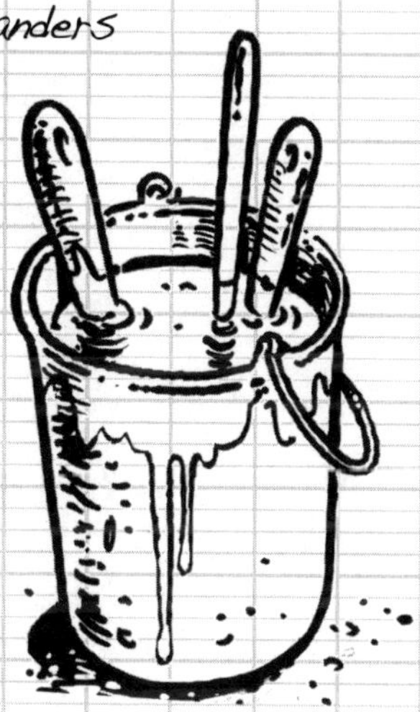

Beginnen Sie damit, dass Sie den Eimer rosa ausmalen.

Was müssen Sie in Ihrem Leben konkret ändern, um es angenehmer zu gestalten?

Angenehmer = mehr Vergnügen und Freude empfinden

Mein Leben wäre angenehmer, wenn ich …

Das macht mir Spaß

Zahlreiche Botschaften unserer Erziehung beeinflussen noch heute unsere Einstellung zum Vergnügen:

»Man kann im Leben nicht immer nur tun, was man will!«

»Es ist unsere Pflicht, ...«

»Das Leben ist hart. Das wirst du schon noch sehen, wenn du groß bist!«

Welche Botschaften, die Ihnen als Erbe mitgegeben wurden, betonen die mühsame, arbeitsreiche Seite des Lebens?

Ergebnis:

Für viele von uns hat die **Pflicht** über das **Vergnügen** gesiegt. In manchen weckt Vergnügen sogar Argwohn.

Vorschlag:

Schreiben Sie diese negativen Botschaften auf Zettel, die Sie anschließend verbrennen. Damit verleihen Sie symbolisch Ihrem Wunsch Ausdruck, sich von ihnen zu befreien.

Redewendungen eine andere Richtung geben

»Morgenstund hat Gold im Mund.«

⇨ Was soll ich mit Gold im Mund? Es lebe das Ausschlafen!

»Wo gehobelt wird, fallen Späne.«

⇨ Wozu hobeln, ich kaufe meine Möbel im Möbelhaus!

»Jeder Tag hat seine eigene Plage.«

⇨ Aber jeder Tag braucht auch sein Quantum Freude. Es ist mein Tag!

Notieren Sie unten die Sprichwörter, Redewendungen und andere Slogans, die das Arbeitsreiche, Mühevolle am Leben betonen, das Sie geerbt haben. Wehren Sie sie dann ungeniert ab, indem Sie ihnen eine andere Richtung geben ...

⇨

⇨

⇨

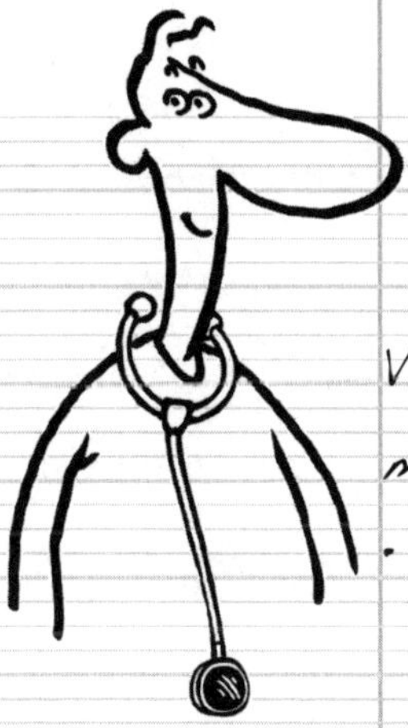

Sich mit dem Vergnügen aussöhnen

Vergnügen und Freude sind Anzeichen dafür, dass ein oder mehrere Bedürfnisse des Organismus befriedigt sind.

- **Körperliche Bedürfnisse:** Sauerstoff, Essen, Trinken, Wärme, Schlaf usw.
- **Psychische Bedürfnisse:** Sicherheit, Respekt, Selbstachtung, Anerkennung, Zustimmung, Liebe, Vertrauen, Frieden, Kommunikation, Verständnis, Eindeutigkeit, Klarheit, Transparenz, Selbstbehauptung, Anregung, Kontrolle, Freiheit usw.

Umgekehrt weisen Schmerz und Traurigkeit, Angst oder Zorn uns darauf hin, dass unsere Bedürfnisse nicht befriedigt sind. Wenn wir nichts tun, um das Gleichgewicht wiederherzustellen, dann sind unser Wohlbefinden und unsere Gesundheit - sowohl die geistige als auch die physische - gefährdet.

Vergnügen und Freude wirken gleichermaßen als Quelle der Motivation ...

⇨ ***Ich habe Lust, es zu tun, weil es mir Spaß macht!***

... wie auch als Quelle der Belohnung.

⇨ ***Ich bin zufrieden, dass ich es getan habe!***

Vergnügen zu verteufeln ist eine Art, Macht über Menschen auszuüben. Wenn wir gelernt haben, uns vor dem Vergnügen zu hüten, wissen wir nicht mehr, was wir tun sollen. Wir wenden uns also »Autoritäten« zu: Eltern, Lehrern, Priestern, Ärzten, Psychologen usw. So laufen wir jedoch Gefahr, zu Entfremdeten zu werden!

Vergnügen ist GUT für uns.
Es lebe das Vergnügen!
Es leben die Genüsse!

Trotzdem sollte das Streben nach Vergnügen und Genuss nicht die Verpflichtungen des Lebens verdecken. Vergnügen, ja! Aber nicht nur das zählt ...

Wer **nur das isst**, was ihm unmittelbaren Genuss verschafft, wird den Preis dafür auf gesundheitlicher Ebene zahlen müssen.

Wer **nur das isst**, was zwar gesund, aber für ihn nicht mit dem geringsten Genuss verbunden ist, wird den Preis in Form von Lebensfreude zahlen: Er stirbt innerlich ab, wird zum Griesgram.

Ideal ist es, sich von Dingen zu ernähren, die gleichzeitig gesund sind und Genuss bereiten, oder aber, beide Ernährungsarten abzuwechseln. Das ist die beste Diät, die es gibt.

Nur das Vergnügen zählt.

Nur die Pflicht zählt.

Gleichgewicht

Bei welchen Situationen in Ihrem Leben hat die Vorstellung der Pflicht auf Kosten des Vergnügens so die Oberhand gewonnen, dass beide stark aus dem Gleichgewicht geraten sind?

Wie könnten Sie beides wieder in die Balance bringen?

- Bestimmte Pflichten nicht mehr übernehmen.
- Die Ansprüche herunterschrauben (Nieder mit dem Perfektionismus!).
- Bestimmte Aufgaben an andere delegieren.
- Jemanden um Hilfe bitten.
-
-
-

Vergessen Sie nicht, dass man letztlich immer jemanden für das, wozu man sich gezwungen hat, zahlen lässt.
Hören Sie mehr auf Ihr Vergnügen, es hat Ihnen so viel zu sagen! Und das von heute an:

- Ich lese ein Buch, das mir nicht gefällt, lieber nicht zu Ende.
- Ich verlasse das Kino, wenn ich den Film nicht mag.
- Ich esse meinen Teller nicht leer, wenn ich keinen Hunger mehr habe.
- Ich schränke meinen Kontakt zu Menschen, die mir nicht guttun, ein.

Meine »Vergnügen-Vorsätze«:

Welche Farbe ist für Sie die Farbe des Vergnügens? Schreiben Sie hier in Farbe Ihre Antwort hin.

Unerfreuliches reduzieren

Unsere Lebensqualität zu verbessern heißt auch, darauf zu achten, dass wir Situationen, die mit Unangenehmem verbunden sind, verringern.

Zum Beispiel:

- **Uns mehr mit Menschen umgeben,** mit denen wir uns wohlfühlen, und ein bisschen weniger mit denen, die uns die Laune verderben – egal, was die Leute sagen!
- **Mehr Zeit mit angenehmen Aktivitäten verbringen,** bereit, deswegen Dinge zu delegieren: eine Haushaltshilfe engagieren, einen Nachhilfelehrer, jemanden anheuern, der den Rasen mäht ... – egal, was die Leute sagen!

Aber auch:

- **Bei Schwierigkeiten um Hilfe bitten:** einen Psychologen, Arzt oder Geistlichen konsultieren ... es ist keine Schande, sich helfen zu lassen, ganz im Gegenteil!
- **Die Lebensumstände verändern:** aus einem gefährlichen Viertel wegziehen, eine/n Partner/in verlassen, der oder die uns keinen Respekt entgegenbringt, eine Arbeit kündigen, die nicht gut für unsere körperliche oder geistige Gesundheit ist ... – Niemand behauptet, dass es leicht ist, aber es ist den Einsatz wert! Ganz egal, was die Leute sagen!

Eine kleine Geschichte

Es war einmal ein kluger Mann, dessen Sohn nichts so sehr fürchtete wie die Meinung der Leute. Eines Tages sagte er zu seinem Sohn: »Morgen gehen wir zusammen auf den Markt.«

Bei Sonnenaufgang machten sie sich auf den Weg, der Mann auf dem Rücken eines Esels, sein Sohn lief hinterdrein. Als die Leute die beiden so sahen, riefen sie aus: »Habt ihr diesen hartherzigen Mann gesehen?! Reitet selbst auf dem Esel, während sein Sohn laufen muss!«

Am nächsten Tag schlug der Vater vor, es umgekehrt zu machen, um nicht den Unmut der Passanten auf sich zu ziehen. Der Sohn ritt also auf dem Esel, während der Vater marschierte.

Doch wieder hörten sie Kommentare: »Wie schlecht erzogen ist doch dieser Sohn – reitet selbst und lässt seinen Vater laufen!«

Am dritten Tag schlug der Vater vor, um Bemerkungen zu vermeiden, sollten beide laufen und den Esel hinter sich herziehen. Die Leute riefen aus: »Was sind die beiden doch dumm, wieso reiten sie denn nicht?«

Beim nächsten Mal bestiegen sie also beide gleichzeitig den Esel, um zum Markt zu gelangen. Doch die empörten Dorfbewohner bedauerten das

arme Tier, weil es eine so schwere Last tragen musste.
Als sie endlich im Dorf anlangten, diesmal den Esel auf ihrem Rücken tragend, hörte man schon die Ausrufe: »Himmel, wie kann man nur so dumm sein! Die tragen ja den Esel huckepack, statt sich von ihm tragen zu lassen!«
Was dem Vater folgende Schlussfolgerung ermöglichte: »Du siehst, wie die Leute sind: Stets haben sie etwas auszusetzen. Tu immer das, was du selbst für richtig hältst und höre nicht auf sie.«

Und die Moral von der Geschicht:
Was Sie auch tun, es wird immer jemanden geben, der Sie kritisiert und nicht mit Ihnen einverstanden ist.

Schreiben Sie diese Moral von der Geschichte so oft ab, wie Sie wollen, um sie sich gut einzuprägen!

Die Vorteile des Optimismus

»Der Optimismus sagt, eine Nacht liegt zwischen zwei Tagen, der Pessimismus sagt, ein Tag liegt zwischen zwei Nächten.«

Francis Picabia

Eine positive Sichtweise und Freude sind also zwei unerlässliche Komponenten des Optimismus. Hier eine Übersicht über **seine positiven Nebeneffekte**:

- Optimistische Menschen sind im Allgemeinen beliebter, denn sie sind geselliger, aktiver und großherziger.
- Optimistische Menschen haben eine größere Wahrscheinlichkeit zu heiraten und lassen sich mit geringerer Wahrscheinlichkeit scheiden.
- Optimistische Menschen profitieren von einem größeren Netzwerk an Freunden, die besser in der Lage sind, im Bedarfsfall zu helfen.
- Optimistische Menschen sind im Beruf produktiver.
- Optimistische Menschen verdienen mehr Geld.
- Optimistische Menschen setzen Schwierigkeiten, mit denen sie konfrontiert werden, mehr entgegen.
- Optimistische Menschen haben mehr Abwehrkräfte: Ihr Immunsystem ist leistungsfähiger.
- Optimistische Menschen sind körperlich besser in Form.
- Optimistische Menschen leben länger.

Warum auf all das verzichten?

Beginnen Sie jetzt!

Das Leben optimistisch – »rosarot« – zu sehen ist kein ewig währender glückseliger Zustand. Wir müssen uns jeden Moment neu dafür entscheiden und uns darum bemühen. Das Leben rosarot zu sehen ist der Weg, nicht das Ziel.

Von heute an schlage ich den Weg des Optimismus ein. Ich nehme mir speziell vor, die positive Seite der Dinge zu sehen und den angenehmen und erfreulichen Facetten des Lebens den Vorzug zu geben.

Ort .... Datum .... /.... /....

Unterschrift:

(unter Voranstellung der Angabe »gelesen und genehmigt«)

Offizielle Erklärung

Gute Reise!